[BIBLIOTH]ÈQUE L. CURMER.

ENSEIGNEMENT UNIVERSEL.

PROJET DE CONSTITUTION.

10 centimes.

PARIS.
LIBRAIRIE L. CURMER,
rue de Richelieu, 49.

1848

La Bibliothèque L. Curmer est destinée à enserrer dans un vaste réseau de publications *tout* ce qui touche à l'ENSEIGNEMENT UNIVERSEL et à l'ENSEIGNEMENT ÉLÉMENTAIRE. Sous le premier titre, elle abordera toutes les questions qui sont en discussion dans le temps présent, et sous le second, elle donnera des notions sur toutes les sciences.

Elle fait un appel à l'*intelligence*, en la conviant à répandre ses bienfaits sur tous ceux qui ont besoin d'apprendre; à la *richesse*, en l'engageant à populariser ces petits écrits et à les distribuer avec la profusion qu'ils méritent par leur but et leur importance; aux *travailleurs*, en leur offrant un moyen sûr et peu dispendieux d'acquérir sans peine toutes les connaissances qui forment l'homme et le citoyen.

A l'aide des remises successives suivantes : 10-12, 20-25, 50-65, 100-140, on peut pour *dix francs* répandre 140 exemplaires de ces petits livres destinés à porter partout l'amour du pays, l'instruction et la paix.

Ces petites publications coûteront 10, 20, 30, 40 et 50 centimes, selon leur nombre de feuilles de 32 pages; le prix de 10 centimes sera le plus usuel et les autres n'arriveront que par exception.

Paris. — Imprimerie de RIGNOUX, rue Monsieur-le-Prince, 29 *bis*.

PROJET

DE CONSTITUTION.

En présence de Dieu et au nom du peuple français, l'Assemblée nationale proclame et décrète :

I.

La France s'est constituée en République. En adoptant cette forme définitive de gouvernement, elle s'est proposé pour but de conserver dans le monde l'initiative du progrès et de la civilisation, d'assurer une répartition de plus en plus équitable des charges et des avantages de la société entre les citoyens, et de les faire parvenir tous, sans nouvelle commotion, par l'action successive et constante des institutions et des lois, à un degré toujours plus élevé de moralité, de lumière et de bien-être.

II.

La République française est démocratique, une et indivisible.

III.

Elle reconnaît des droits et des devoirs antérieurs et supérieurs aux lois positives et indépendants de ces lois.

IV.

Elle a pour dogme la liberté, l'égalité et la fraternité.

V.

Elle respecte les nationalités étrangères, comme elle entend faire respecter la sienne, n'entreprend aucune guerre dans des vues de conquête, et n'emploie jamais ses forces contre la liberté d'aucun peuple.

VI.

La République impose aux citoyens et contracte envers eux des devoirs réciproques.

VII.

Les citoyens doivent aimer la patrie, servir

la République, la défendre même au prix de leur vie, participer aux charges de l'État en raison de leur fortune ; ils doivent s'assurer, par le travail, des moyens d'existence, et, par la prévoyance, des ressources pour l'avenir ; ils doivent concourir au bien-être commun en s'entr'aidant fraternellement les uns les autres, et à l'ordre général en observant les lois morales et les lois écrites qui régissent la société, la famille et l'individu.

VIII.

La République doit protéger le citoyen dans sa personne, sa famille, sa religion, sa propriété, son travail, et mettre à la portée de chacun l'instruction indispensable à tous les hommes ; elle doit l'assistance aux citoyens nécessiteux, soit en leur procurant du travail dans les limites de ses ressources, soit en donnant, à défaut de la famille, les moyens d'exister à ceux qui sont hors d'état de travailler.

En vue de l'accomplissement de tous ces devoirs, et pour la garantie de tous ces droits, l'Assemblée nationale, fidèle aux traditions des grandes assemblées qui ont inauguré la Révolution française, décrète, ainsi qu'il suit la constitution de la République.

CONSTITUTION.

CHAPITRE PREMIER.

De la souveraineté.

Article 1er. La souveraineté réside dans l'universalité des citoyens français.

Elle est inaliénable et imprescriptible.

Aucun individu, aucune fraction du peuple ne peut s'en attribuer l'exercice.

CHAPITRE II.

Droits des citoyens garantis par la constitution.

Art. 2. Nul ne peut être arrêté ou détenu que suivant les prescriptions de la loi.

Art. 3. La demeure de chaque citoyen est inviolable; il n'est permis d'y pénétrer que selon les formes et dans les cas prévus par la loi.

Art. 4. Nul ne sera distrait de ses juges naturels; il ne pourra être créé de commissions et de tribunaux extraordinaires à quelque titre et sous quelque dénomination que ce soit.

Art. 5. La peine de mort est abolie en matière politique.

Art. 6. L'esclavage ne peut exister sur aucune terre française.

Art. 7. Chacun professe librement sa religion, et reçoit de l'État, pour l'exercice de son culte, une égale protection.

Les ministres des cultes reconnus par la loi ont seuls droit à recevoir un traitement de l'État.

Art. 8. Les citoyens ont le droit de s'associer, de s'assembler paisiblement et sans armes, de pétitionner, de manifester leurs pensées par la voie de la presse ou autrement.

L'exercice de ces droits n'a pour limites que les droits ou la liberté d'autrui et la sécurité publique.

La presse ne peut, en aucun cas, être soumise à la censure.

Art. 9. La liberté d'enseignement s'exerce sous la garantie des lois et la surveillance de l'État.

Cette surveillance s'étend à tous les établissements d'éducation et d'enseignement, sans aucune exception.

Art. 10. Les citoyens sont admissibles à tous les emplois publics, sans autres motifs de préférence que le mérite ou les droits acquis suivant la loi.

La constitution ne reconnaît ni titre ni distinction de naissance, classe ou caste.

Art. 11. Toutes les propriétés sont inviolables; néanmoins l'État peut exiger le sacrifice d'une propriété pour cause d'utilité publique légalement constatée, et moyennant une juste et préalable indemnité.

Art. 12. La confiscation des biens ne pourra jamais être rétablie.

Art. 13. La constitution garantit aux citoyens la liberté du travail et de l'industrie.

La société favorise et encourage le développement du travail par l'enseignement primaire gratuit, l'éducation professionnelle, l'égalité de rapports entre le patron et l'ouvrier, les institutions de prévoyance et de crédit, les associations volontaires, et l'établissement par l'État, les départements et les communes, de travaux publics propres à employer les bras inoccupés ; elle fournit l'assistance aux enfants abandonnés, aux infirmes ou aux vieillards sans ressources et que leurs familles ne peuvent secourir.

Art. 14. La dette publique est garantie.

Art. 15. Tout impôt est établi pour l'utilité commune.

Chaque citoyen y contribue en raison de ses facultés et de sa fortune.

Art. 16. Aucun impôt ne peut être perçu qu'en vertu de la loi.

Art. 17. L'impôt direct n'est consenti que pour un an.

Les impositions indirectes peuvent être consenties pour plusieurs années.

CHAPITRE III.

Des pouvoirs publics.

Art. 18. Tous les pouvoirs publics, quels qu'ils soient, émanent du peuple.

Ils ne peuvent être délégués héréditairement.

Art. 19. La séparation des pouvoirs est la première condition d'un gouvernement libre.

CHAPITRE IV.

Du pouvoir législatif.

Art. 20. Le peuple français délègue le pouvoir législatif à une assemblée unique.

Art. 21. Le nombre total des représentants du peuple sera de sept cent cinquante, y compris les représentants de l'Algérie et des colonies françaises.

Art. 22. Ce nombre s'élèvera à neuf cents pour les assemblées qui seront appelées à réviser la Constitution.

Art. 23. L'élection a pour base la population.

Art. 24. Le suffrage est direct et universel. Le scrutin est secret.

Art. 25. Sont électeurs tous les Français âgés de vingt et un ans, et jouissant de leurs droits civils et politiques.

Art. 26. Sont éligibles, sans condition de

cens ni de domicile, tous les Français âgés de vingt-cinq ans, et jouissant de leurs droits civils et politiques.

Art. 27. La loi électorale déterminera les incapacités et incompatibilités résultant de l'exercice des fonctions publiques.

Art. 28. L'élection des représentants se fera par département, au chef-lieu de canton et au scrutin de liste.

Art. 29. L'Assemblée nationale est élue pour trois ans et se renouvelle intégralement.

Art. 30. Elle est permanente.

Néanmoins elle peut s'ajourner à un terme qu'elle fixe.

Pendant la durée de la prorogation, une commission, composée des membres du bureau et de vingt-cinq représentants nommés par l'Assemblée au scrutin secret et à la majorité absolue, a le droit de la convoquer en cas d'urgence.

Le président de la République a aussi le droit de convoquer l'Assemblée.

Art. 31. Les représentants sont toujours rééligibles.

Art. 32. Les membres de l'Assemblée nationale sont les représentants, non du département qui les nomme, mais de la France entière.

Art. 33. Ils ne peuvent recevoir de mandat impératif.

Art. 34. Les représentants du peuple sont inviolables.

Ils ne pourront être recherchés, accusés ni jugés, en aucun temps, pour les opinions qu'il auront émises dans le sein de l'Assemblée nationale.

Art. 35. Ils ne peuvent être arrêtés en matière criminelle, sauf le cas de flagrant délit, ni poursuivis qu'après que l'Assemblée a permis la poursuite.

Art. 36. Chaque représentant du peuple reçoit une indemnité à laquelle il ne peut renoncer.

Art. 37. Les séances de l'Assemblée sont publiques.

Néanmoins l'Assemblée peut se former en comité secret, sur la demande du nombre de représentants fixé par le règlement.

Art. 38. La présence de la moitié plus un des membres de l'Assemblée est nécessaire pour la validité du vote des lois.

Art. 39. Aucun projet de loi, sauf les cas d'urgence, ne sera voté définitivement qu'après trois délibérations, à des intervalles qui ne peuvent être moindres de dix jours.

Art. 40. Toute proposition ayant pour objet de déclarer l'urgence est précédée d'un exposé des motifs.

Si l'Assemblée est d'avis de donner suite à la proposition d'urgence, elle en ordonne le renvoi dans les bureaux et fixe le moment de la discussion.

Une commission nommée dans les bureaux fait un rapport sur l'urgence seulement.

Si l'Assemblée reconnait l'urgence, elle le déclare et fixe le moment de la discussion.

Si elle décide qu'il n'y a pas urgence, le projet suit le cours des propositions ordinaires.

CHAPITRE V.

Du pouvoir exécutif.

Art. 41. Le peuple français délègue le pouvoir exécutif à un citoyen qui reçoit le titre de président de la République.

Art. 42. Le président doit être né Français,

âgé de trente ans au moins, et n'avoir jamais perdu la qualité de Français.

Art. 43. Le président est nommé par le suffrage direct et universel, au scrutin secret et à la majorité absolue des votants.

Art. 44. Les procès-verbaux des opérations électorales seront transmis immédiatement à l'Assemblée nationale, qui statue sans délai sur la validité de l'élection et proclame le président de la République.

Si aucun candidat n'a obtenu plus de la moitié des suffrages exprimés, ou si les conditions exigées par l'article 42 ne sont pas remplies, l'Assemblée nationale élit le président de la République à la majorité absolue et au scrutin secret, parmi les cinq candidats éligibles qui ont obtenu le plus de voix.

Art. 45. Le président de la République est élu pour quatre ans, et n'est rééligible qu'après un intervalle de quatre années.

Art. 46. Il surveille et assure l'exécution des lois.

Art. 47. Il dispose de la force armée, sans pouvoir jamais la commander en personne.

Art. 48. Il ne peut céder aucune portion du territoire, ni dissoudre le corps législatif, ni suspendre en aucune manière l'empire de la constitution et des lois.

Art. 49. Il présente chaque année, par un message, à l'Assemblée nationale, l'exposé de l'état général des affaires de la République.

Art. 50. Il négocie et ratifie les traités.

Aucun traité n'est définitif qu'après avoir été approuvé par l'Assemblée nationale.

Art. 51. Il veille à la défense de l'État, mais il ne peut entreprendre aucune guerre sans le consentement de l'Assemblée nationale.

Art. 52. Il a droit de faire grâce, mais il ne peut exercer ce droit qu'après avoir pris l'avis du conseil d'État.

Les amnisties ne peuvent être accordées que par une loi.

Le président de la République et les ministres condamnés ne peuvent être graciés que par l'Assemblée nationale.

Art. 53. Le président de la République promulgue les lois au nom du peuple français.

Art. 54. Les lois d'urgence sont promulguées dans le délai de trois jours, et les autres lois dans le délai d'un mois, à partir de la transmission qui en est faite par le président de l'Assemblée nationale au président de la République.

Art. 55. Dans le délai fixé pour la promulgation, le président de la République peut, par un message motivé, demander une nouvelle délibération.

L'Assemblée délibère ; sa résolution devient définitive ; elle est transmise au président de la République.

En ce cas, la promulgation a lieu dans le délai fixée pour les lois d'urgence.

Art. 56. A défaut de promulgation par le président de la République, dans les délais déterminés par les articles précédents, il y serait pourvu par le président de l'Assemblée nationale.

Art. 57. Les envoyés et les ambassadeurs des puissances étrangères sont accrédités auprès du président de la République.

Art. 58. Il préside aux solennités nationales.

Art. 59. Il est logé aux frais de la République, et reçoit un traitement de 600,000 francs par an.

Art. 60. Il réside au lieu où siége l'Assemblée nationale, et ne peut sortir du territoire de la République sans y être autorisé par une loi.

Art. 61. Le président de la République nomme et révoque les ministres.

Il nomme et révoque, en conseil des ministres, les agents diplomatiques, les commandants militaires des armées de terre et de mer, les préfets, le commandant supérieur des gardes nationales de la Seine, les gouverneurs de l'Algérie et des colonies, le gouverneur de la banque de France, les procureurs généraux et autres fonctionnaires d'un ordre supérieur.

Il nomme et révoque, sur la proposition du ministre compétent, dans les conditions réglementaires déterminées par la loi, les agents secondaires du gouvernement.

Art. 62. Il a le droit de suspendre, pour un terme qui ne pourra excéder trois mois, les agents du pouvoir exécutif élus par les citoyens.

Il ne peut les révoquer que de l'avis du conseil d'État.

La loi détermine les cas où les agents révoqués peuvent être déclarés inéligibles aux mêmes fonctions.

Cette déclaration d'inéligibilité ne pourra être prononcée que par un jugement.

Art. 63. Le nombre des ministres et leurs attributions sont fixés par le pouvoir législatif.

Art. 64. Les actes du présı ent de la République autres que ceux par lesquels il nomme et révoque les ministres n'ont d'effet que s'ils sont contre-signés par un ministre.

Art. 65. Le président de la République, les ministres, les agents et dépositaires de l'autorité publique, sont responsables, chacun en ce qui les concerne, de tous les actes du gouvernement et de l'administration.

Une loi déterminera les cas de responsabilité, les garanties des fonctionnaires, et le mode de poursuite.

Art. 66. Les ministres ont entrée dans le sein de l'Assemblée nationale ; ils sont entendus toutes les fois qu'ils le demandent, et peuvent se faire assister par des commissaires nommés par un décret du président de la République.

Art. 67. Il y a un vice-président de la République nommé par l'Assemblée nationale, sur la présentation faite par le président, dans le mois qui suit son élection.

En cas d'empêchement du président, le vice-président le remplace.

Si la présidence devient vacante par décès, démission du président ou autrement, il est procédé, dans le mois, à l'élection d'un président.

Le nouveau président est élu pour quatre ans.

CHAPITRE VI.

Du conseil d'État.

Art. 68. Il y aura un conseil d'État composé de quarante conseillers d'État au moins.

Le vice-président de la République est de droit président du conseil d'État.

Art. 69. Les membres de ce conseil sont nommés pour six ans par l'Assemblée nationale. Ils sont renouvelés par moitié dans les deux premiers mois de chaque législature, au scrutin secret et à la majorité absolue.

Ils sont indéfiniment rééligibles.

Art. 70. Ceux des membres du conseil d'État qui auront été pris dans le sein de l'Assemblée nationale seront immédiatement remplacés comme représentants du peuple.

Art. 71. Les membres du conseil d'État ne

peuvent être révoqués que par l'Assemblée et sur la proposition du président de la République.

Art. 72. Le conseil d'État est consulté sur les projets de lois du gouvernement, qui, d'après la loi, devront être soumis à son examen préalable, et sur les projets d'initiative parlementaire que l'Assemblée lui aura renvoyés.

Il prépare les règlements d'administration publique; il fait seul ceux de ces règlements à l'égard desquels l'Assemblée nationale lui a donné une délégation spéciale.

Il exerce, à l'égard des administrations publiques, tous les pouvoirs de contrôle et de surveillance qui lui sont déférés par la loi.

Des lois particulières règleront ses autres attributions.

CHAPITRE VII.

De l'administration intérieure.

Art. 73. La division du territoire en départements, arrondissements, cantons et communes, est maintenue. Les circonscriptions ne pourront être changées que par la loi.

Art. 74. Il y a : 1° dans chaque département,

une administration composée d'un préfet, d'un conseil général, d'un conseil de préfecture remplissant les fonctions de tribunal administratif;

2° Dans chaque arrondissement, un sous-préfet ;

3° Dans chaque canton, un conseil cantonal ;

4° Dans chaque commune, une administration composée d'un maire, d'adjoints, et d'un conseil municipal.

Art. 75. Une loi déterminera la composition et les attributions des conseils généraux, des conseils cantonaux, des conseils municipaux, et le mode de nomination des maires et des adjoints.

Art. 76. Les conseils généraux et les conseils municipaux sont élus par le suffrage direct de tous les citoyens domiciliés dans le département ou dans la commune. Chaque canton élit un membre du conseil général.

Une loi spéciale réglera le mode d'élection dans la ville de Paris et dans les villes de plus de 20,000 âmes.

Art. 77. Les conseils généraux, les conseils cantonaux et les conseils municipaux, peuvent être dissous par le président de la République, de l'avis du conseil d'État. La loi fixera le délai dans lequel il sera procédé à la réélection.

CHAPITRE VIII.

Du pouvoir judiciaire.

Art. 78. La justice est rendue gratuitement au nom du peuple français.

Les débats sont publics, à moins que la publicité ne soit dangereuse pour l'ordre ou les mœurs, et, dans ce cas, le tribunal le déclare par un jugement.

Art. 79. Le jury continuera d'être appliqué en matière criminelle.

Art. 80. La connaissance de tous les délits politiques et de tous les délits commis par la voie de la presse ou de tout autre moyen de publication appartient exclusivement au jury.

Art. 81. Le jury statue seul sur les dommages-intérêts réclamés pour faits ou délits de presse.

Art. 82. Les juges de paix et leurs suppléants, les juges de première instance et d'appel, sont nommés par le président de la République, d'après un ordre de candidature qui sera réglé par la loi d'organisation judiciaire.

Art. 83. Les juges du Tribunal de cassation sont nommés par l'Assemblée nationale au scrutin secret et à la majorité absolue des suffrages.

Art. 84. Les magistrats du ministère public sont nommés par le président de la République.

Art. 85. Les juges de première instance, d'appel et de cassation, sont nommés à vie.

Ils ne peuvent être révoqués, suspendus ou mis à la retraite que par un jugement, pour les causes et dans les formes déterminées par la loi.

Art. 86. Les conseils militaires de terre et de mer, les tribunaux de commerce, les prud'hommes et autres tribunaux spéciaux, conservent leur organisation et leurs attributions actuelles, jusqu'à ce qu'il y ait été dérogé par une loi.

Art. 87. Dans chaque département, un tribunal administratif sera chargé de statuer sur le contentieux de l'administration.

Les membres de ce tribunal seront nommés par le président de la République, sur une liste de candidature présentée par le conseil général du département.

Art. 88. Il y a pour toute la France un tribunal administratif supérieur, qui prononcera sur tout le contentieux de l'administration, et dont la composition, les attributions et les formes, seront réglées par la loi.

Les membres du tribunal administratif supérieur sont nommés par le président de la République, sur une liste de présentation dressée par le conseil d'Etat.

Art. 89. Les membres des tribunaux administratifs de département et ceux du tribunal administratif supérieur ne pourront être révoqués que par le président de la République, sur l'avis du conseil d'Etat.

Art. 90. Les membres de la Cour des comptes seront nommés d'après le même mode que les membres du tribunal administratif. Ils sont nommés à vie.

Art. 91. Les conflits d'attribution entre l'autorité administrative et l'autorité judiciaire seront réglés par un tribunal spécial de juges du Tribunal de cassation et de conseillers d'État, désignés tous les trois ans en nombre égal par leurs corps respectifs.

Ce tribunal sera présidé par le ministre de la justice.

Art. 92. Les recours pour incompétence et excès de pouvoirs contre les arrêts du tribunal administratif supérieur et contre les arrêts de la Cour des comptes seront portés devant la juridiction des conflits.

Art. 93. Une haute cour de justice juge san appel ni recours en cassation les accusations portées par l'Assemblée nationale soit contre ses propres membres, soit contre le président de la République ou les ministres.

Elle juge également toutes personnes prévenues de crimes, attentats ou complots contre la sûreté intérieure ou extérieure de l'État.

Elle ne peut être saisie qu'en vertu d'un décret de l'Assemblée nationale, qui désigne la ville où la cour tiendra ses séances.

Art. 94. La haute cour est composée de juges et de jurés.

Les juges, au nombre de cinq, et de deux juges suppléants, sont nommés au scrutin secret, à la majorité absolue, par le Tribunal de cassation et dans son sein. Ils choisissent leur président.

Les magistrats remplissant les fonctions du

ministère public sont désignés par le président de la République, et, en cas d'accusation du président ou des ministres, par l'Assemblée nationale.

Les jurés, au nombre de trente-six, et quatre jurés suppléants, sont pris parmi les membres des conseils généraux des départements.

Art. 95. Lorsqu'un décret de l'Assemblée nationale a ordonné la formation de la haute cour de justice, le président du tribunal d'appel, et, à défaut du tribunal d'appel, le président du tribunal de première instance du département, tire au sort, en audience publique, le nom d'un membre du conseil général.

Art. 96. Au jour indiqué pour le jugement, s'il y a moins de soixante jurés présents, ce nombre sera complété par des jurés supplémentaires tirés au sort par le président de la haute cour, parmi les membres du conseil général du département où siégera la cour.

Art. 97. Les jurés qui n'auront pas produit d'excuse valable seront condamnés à une amende de 1,000 à 10,000 francs et à la privation des droits politiques pendant cinq ans au plus.

Art. 98. L'accusé et le ministère public exercent le droit de récusation, comme en matière ordinaire.

Art. 99. La déclaration du jury portant que l'accusé est coupable ne peut être rendue qu'à la majorité des deux tiers des voix.

Art. 100. Dans tous les cas de responsabilité des ministres, l'Assemblée nationale peut, selon les circonstances, renvoyer le ministre inculpé soit devant la haute cour de justice, soit devant les tribunaux ordinaires, pour les réparations civiles, soit devant le conseil d'État.

Art. 101. Le conseil d'État ne peut prononcer que la peine de l'interdiction des fonctions publiques pour un temps qui n'excède pas cinq années.

Art. 102. Tout arrêt du conseil d'État portant cette peine doit être rendu aux deux tiers au moins des suffrages.

Art. 103. Les débats ont lieu en séance publique.

Art. 104. L'Assemblée nationale et le président de la République peuvent, dans tous les cas, déférer l'examen des actes de tout fonctionnaire autre que le président de la République au conseil d'État, dont le rapport est rendu public.

Art. 105. Le président de la République n'est justiciable que de la haute cour de justice, sur l'accusation portée par l'Assemblée nationale, pour crimes et délits prévus par la loi.

CHAPITRE XI.

De la force publique.

Art. 106. La force publique est instituée pour défendre l'État contre les ennemis du dehors et pour assurer au dedans le maintien de l'ordre et l'exécution des lois.

Elle se compose de la garde nationale et de l'armée de terre et de mer.

Art. 107. Tout Français, sauf les exceptions fixées par la loi, doit en personne le service militaire et celui de la garde nationale.

Le remplacement est interdit.

Art. 108. Des lois particulières régleront l'organisation de la garde nationale sédentaire et mobile, ainsi que le mode de recrutement dans les armées de terre et de mer, la durée du service, la discipline, la forme des jugements et la nature des peines.

Art. 109. La force publique est essentiellement obéissante.

Nul corps armé ne peut délibérer.

Art. 110. La force publique employée pour maintenir l'ordre à l'intérieur n'agit que sur la réquisition des autorités constituées, suivant les règles déterminées par le pouvoir législatif.

Art. 111. Une loi déterminera les cas dans lesquels l'état de siége pourra être déclaré, et règlera les formes et les conséquences de cette mesure.

Art. 112. Aucune troupe étrangère ne peut être introduite sur le territoire français sans consentement préalable de l'Assemblée nationale.

CHAPITRE X.

Dispositions particulières.

Art. 113. La Légion d'Honneur est maintenue; ses statuts seront révisés et mis en harmonie avec la constitution.

Art. 114. Le territoire de l'Algérie et des colonies est déclaré territoire français et sera régi par des lois particulières.

CHAPITRE XI.

De la révision de la Constitution.

Art. 115. Lorsque, dans la dernière année d'une législature, l'Assemblée nationale aura émis le vœu que la Constitution soit modifiée en tout ou en partie, il sera procédé à cette révision de la manière suivante :

Le vœu exprimé par l'Assemblée ne sera converti en résolution définitive qu'après trois délibérations successives, prises chacune à un mois d'intervalle et aux trois quarts des suffrages exprimés.

L'Assemblée de révision ne sera nommée que pour trois mois.

Elle ne devra s'occuper que de la révision pour laquelle elle aura été convoquée.

Néanmoins, elle pourra, en cas d'urgence, pourvoir aux nécessités législatives.

CHAPITRE XII.

Dispositions transitoires.

Art. 116. Les dispositions des codes, lois et règlements existants, qui ne sont pas contraires à la présente constitution, restent en vigueur jusqu'à ce qu'il y soit légalement dérogé.

Art. 117. Toutes les autorités constituées par les lois actuelles demeurent en exercice jusqu'à la publication des lois organiques qui les concernent.

Art. 118. La loi d'organisation judiciaire déterminera le mode spécial de nomination pour la première composition des nouveaux tribunaux.

Art. 119. Immédiatement après le vote de la Constitution, il sera procédé, par la nation, à la nomination du président de la République, et, par l'Assemblée nationale constituante, à la rédaction des lois organiques qui doivent compléter la Constitution.

Art. 120. Les dispositions des articles 30, 38, 39 et 40 de la présente constitution ne commenceront à être applicables qu'après l'installation du président de la République.

---

traires à la présente constitution, restent en vigueur jusqu'à ce qu'il y [illegible] été dérogé.

Art. 117. Toutes les autorités constituées par les lois [illegible] continuent en exercice jusqu'à la publication des lois [illegible] qui les concernent.

Art. 118. La loi [illegible] judiciaire déterminera le [illegible] spécial de nomination pour la première [illegible] des cours et tribunaux.

Art. 119. [illegible] la Constitution, [illegible] à la [illegible] que, [illegible] par [illegible] tuante, à la [illegible] doivent compléter [illegible]

Art. 120. Les dispositions [illegible] 38, 39 et 40 de la [illegible] commenceront [illegible] l'installation du [illegible]

www.ingramcontent.com/pod-product-compliance
Lightning Source LLC
LaVergne TN
LVHW010309230826
846091LV00007BB/2785

9782014433791